Arno Backhaus

55 Spiele für den Kindergeburtstag

Die schönsten Spiele für alle von 5–8 Jahren

Arno Backhaus

55 Spiele für den Kindergeburtstag

Die schönsten Spiele für alle von 5-8 Jahren

Brendow
VERLAG + MEDIEN

Bibliografische Information der Deutschen Nationalbibliothek
Die Deutsche Nationalbibliothek verzeichnet diese Publikation in der Deutschen Nationalbibliografie; detaillierte bibliografische Daten sind im Internet über http://dnb.d-nb.de abrufbar.

ISBN 978-3-86506-403-5

Einbandgestaltung: Brendow Verlag, Moers
Titelgrafik: fotolia
Satz: Brendow PrintMedien, Moers
Druck und Verarbeitung: CPI – Clausen & Bosse, Leck
Printed in Germany

www.brendow-verlag.de

Kennen Sie das,

da steht ein Geburtstag vor der Tür, und Sie wissen zwar, wie man eine Torte backt, schön dekoriert, aber darüber hinaus fällt Ihnen wenig an besonderen Programmpunkten ein, wie man den Geburtstag in Schwung bringt? Und im Fast-Food-Restaurant zu feiern ist Ihnen verständlicherweise einfach zu unpersönlich?
Mit meinen 55 Geburtstagsspielen haben Sie eine gute Auswahl an lustigen und originellen, lebhaften und ruhigen, einfachen und spannenden, bekannten und unbekannten Spielen zur Hand. Spiele für drinnen und draußen, für Große und Kleine, Schwache und Starke, für „Dummies" und „Ausgefuchste"! Die meisten Spiele brauchen keine großen Vorbereitungen, manche kann man sogar ganz spontan „hervorzaubern".
Geburtstagsspiele sind bei Kindern, aber zunehmend auch bei Erwachsenen sehr beliebt. Durch Spiele kommt beim Geburtstag erst richtig Stimmung auf. Oftmals tauen durch Spiele auch zurückhaltende Gäste auf, nehmen aktiv am Geschehen teil und haben jede Menge Spaß daran.
Erklären Sie zuerst für alle Spielteilnehmer das Spiel, und achten Sie darauf, dass jeder zuhört. Aber seien Sie während des Spiels selbst nicht ganz so streng mit der Einhaltung der Spielregeln! Der Geburtstag soll ja Spaß machen und nicht im Streit darüber ausarten, wer wann wie und welche Regel gebrochen hat. Seien Sie großzügig – nicht nur dem Geburtstagskind gegenüber. Kleine (!!) Überraschungsgeschenke (Süßigkeiten, Buntstifte etc.) für die Sieger, und am Ende auch ein kleines Geschenk für die Verlierer sorgen für gute Stimmung. Und lassen Sie zwischen den Spielen immer wieder Raum für Freispiel, wo jeder machen kann,

was er will. Wer die Spiele in meinem Buch der Reihenfolge nach abarbeitet und sozusagen „abspielt", hat den Sinn vom Spielen nicht entdeckt. Es geht um Spaß und vor allem um Gemeinschaft, nicht darum, dass ein Programm „abgewickelt" oder „abgespult" wird. Wenn ein Spiel gut ankommt, schieben Sie vielleicht gleich ein weiteres hinterher, aber wenn Sie merken, eigentlich will keiner spielen, zwingen oder überreden Sie niemanden zum Spielen. Und vielleicht will ein Besucher erst einmal nur zugucken; dann lassen Sie ihn. Vielleicht taut er im Laufe des Spiels auf und spielt später selbst mit.

Hier habe ich noch einige lockere Erläuterungen
Wahrnehmungsspiele sind Spiele, bei denen man in besonderer Weise fühlen, schmecken, riechen, tasten und hören muss.

Spielregeln
Spielregeln sind immer nur Krücken und Hilfsmittel. Sie können jederzeit verändert werden. Nicht die Spieler sind für die Spielregeln da, sondern die Spielregeln für die Spieler! Gewöhnen Sie sich an, kreativ mit Spielregeln umzugehen. Lassen Sie sich ruhig eigene Ideen einfallen! Passen Sie die Regeln Ihrer besonderen Situation an! Das Alter, die Anzahl der Spieler, das Wetter, die Uhrzeit, die Stimmung der Teilnehmer, die örtlichen Gegebenheiten erfordern immer wieder einen flexiblen Umgang mit den Regeln!!!

Altersangabe
Wenn bei Altersangabe „ab 5" steht, heißt das nicht unbedingt, dass dieses Spiel nur für Kleine geeignet ist, ganz im Gegenteil.

Das Spiel Illustriertensuchen ist z. B. „ab 5 Jahre". Es kann aber auch 10- oder 13-Jährige begeistern. Bei den Kleinen wird es halt nicht ganz so spannend oder hektisch gespielt, da steht weniger der Wettkampf im Vordergrund. Von der Altersangabe soll man sich also nicht abschrecken lassen. Allerdings sind die Spiele für Ältere selten auch für Jüngere geeignet.

Anzahl der Spieler
Auch hier steht öfter „ab 2". Natürlich haben viele Spiele mit wenigen Spielern einen ganz anderen Charakter. Logisch, dass viele (nicht alle) Spiele interessanter und spannender werden, wenn mehr als 2 Spieler mitmachen

Wettbewerb
Bei vielen Spielen habe ich einen leichten bis starken Wettbewerb eingebaut. Bei etlichen dieser Spiele kann man aber den Wettbewerb ganz oder teilweise herausnehmen oder verringern, ohne dass das Spiel dadurch an Reiz verliert und langweilig wird. Es hängt stark von den Teilnehmern und vom Alter der Mitspieler ab, ob es für sie gut ist, sich im Wettkampf zu messen. Wenn ich merke, dass ein Wettbewerb ausartet und zu wichtig wird, nehme ich den Wettkampf aus dem Spiel heraus. Hier sollte der Spielleiter wirklich hellhörig, sensibel und flexibel sein. Der Wettbewerb soll Spaß machen und motivieren, nicht die Schwachen klein machen und die Starken in den Himmel heben. Pfiffige Spielleiter können auch geschickt etwas manipulieren, damit die schwächeren Spieler etwas besser abschneiden ...

Wenn Kinder mit geringerem Selbstwertgefühl mitmachen, würde ich den Schwerpunkt nicht auf den Wettbewerb legen. Der Spielleiter „spielt" hier eine ganz wichtige Rolle. Er kann die Kinder durch entsprechende Worte „heiß machen", puschen oder den richtigen Kick geben, sodass es zum Schluss gar nicht mehr so wichtig ist, wer Sieger ist, und keiner mehr fragt, wer eigentlich gewonnen hat.
Auch kann ich als Spielleiter viele simple und einfache Spiele „stärker" machen, indem ich durch starke Worte, Gestik und etwas Übertreibung motiviere.
Wundert euch nicht, wenn bei einigen Spielbeschreibungen steht „kein Wettbewerb", das Spiel aber trotzdem einen Wettbewerb enthält. Das bedeutet, dass der Wettbewerb überhaupt nicht im Mittelpunkt, sondern nur ganz am Rand des Spiels steht.
Bei der Punktewertung sollte der Spielleiter immer großzügig sein. Lieber einen Punkt doppelt vergeben, als zu kleinlich und bürokratisch sein. Es ist ja ein Spiel!

Ausscheiden / Spielpause

Wenn irgendwo in der Spielregel cool und kurz steht „der Verlierer scheidet aus", kann man das natürlich kreativ verändern. Wenn das Ausscheiden nämlich zu lang dauert oder zu intensiv und massiv wirkt (je nach Teilnehmer), kann es:

a) den allgemeinen Spielverlauf hindern (die Aussetzer langweilen sich nach einer Weile und können dann auch bald die ganze Gruppe stören);
b) dadurch den Spaß am Spiel verderben,

c) Kindern mit wenig Selbstbewusstsein sehr frustrieren oder sogar verletzen.

Deshalb: Entscheiden Sie immer individuell, ob und wie lange jemand „aus dem Spiel geht".

Damit sich ein Spieler, der ausscheidet, nicht langweilt, kann man seine Situation einfach als „Spielpause" bezeichnen. Dafür gibt es nach jedem zehnten Spiel in meinem Buch eine Seite mit Sprüchen, Witzen oder lustigen Geschichten für die ganze Familie (und für alle Party-Gäste).

Männchen oder Weibchen / Anrede

In diesem Buch rede ich die (!! weiblich) Spieler vorwiegend in der männlichen Form an, wie z.B. „der Spieler", „der Spielleiter" usw. Natürlich beziehe ich jede weibliche Person mit ein, auch wenn ich sie „männlich" anrede. Ehrlich gesagt habe ich Probleme, ständig beide Formen anzugeben, wie „Der Spieler/Die Spielerin ...".

Ich wünsche allen viel Spaß mit meinen Ideen und Anregungen und eine super Geburtstagsfeier!

Arno Backhaus

Auf Seite 92 – 94 finden Sie die Spiele in alphabetischer Reihenfolge. Auf Seite 95 können Sie nachlesen, zu welchen besonderen Situationen bestimmte Spiele besonders gut passen.

Wattebällchen pusten

Anzahl der Spieler: ab 2
Alter: ab 5 (evtl. auch für jüngere Kinder)
Spieldauer: ab 5 Minuten
Spielcharakter: etwas hektisch, lustig, starker Wettbewerb
Material: Tisch, ein Wattebällchen

Jeder stellt, hockt oder kniet sich vor eine Seite des Tisches. Etwa eine Handfläche breit müsst ihr Abstand vom Tisch lassen. An jeder der vier Tischseiten sollte sich mindestens eine Person befinden, es können aber auch mehrere sein. Auf die Mitte des Tisches wird ein Wattebällchen (oder ein Tischtennisball) gelegt.
Auf Kommando versucht jeder, das Wattebällchen wegzupusten, sodass es auf einer anderen Seite des Tisches auf den Boden fällt. Keiner darf allerdings das Wattebällchen mit der Hand oder dem Oberkörper stoppen. Stoppen ist nur erlaubt mit Gegenpusten. Die Seite des Tisches, bei der das Bällchen runterfällt, bekommt einen Minuspunkt.

2. Spiel

Illustriertensuchen

Anzahl der Spieler: ab 2
Alter: ab 5 (evtl. auch für jüngere Kinder)
Spieldauer: ab 5 Minuten
Spielcharakter: hektisch-verrückt, spannend, Spiel hat starken Aufforderungscharakter, Selbstläufer, starker Wettbewerb
Material: für jeden Mitspieler eine Illustrierte

Sucht euch in eurem Bekanntenkreis, in der Nachbarschaft oder bei der Verwandtschaft jemanden, der regelmäßig eine Illustrierte abonniert hat (Spiegel, Stern, Focus, Bunte etc., Fernsehzeitschriften sind nicht so geeignet, höchstens die HörZu) und lasst euch von dieser Person alte Ausgaben geben, die nicht mehr gebraucht werden.
Wenn ihr genügend Zeitschriften habt, bekommt jeder Mitspieler eine Illustrierte in die Hand. Der Spielleiter nennt jetzt verschiedene Dinge, die jeder in seinem Heft suchen muss. Wer als Erster das Gesuchte in seinem Heft gefunden hat, ruft laut „HIER" und zeigt mit dem Finger darauf. Ist es richtig, bekommt er oder seine Gruppe einen Punkt. Man kann das Spiel „jeder gegen jeden" spielen oder Gruppen gegeneinander spielen lassen. Aber auch hier sollte möglichst jeder eine Illustrierte haben. Notfalls könnte man jeweils zwei Kindern ein Heft geben.

Hier ein paar Möglichkeiten, was gefunden werden soll:
ein Auto, Tier, Foto mit fünf Menschen, Foto eines Politikers, Comic, Pferd usw.

Werbung für: Getränk, Medizin, Parfüm, Radio, Computer usw.

eine Blume, Frau mit Hund, Uhr, Brille, Bohrinsel usw.

einen Baum, BMW, Mercedes-Stern, Witz, Satz aus genau fünf Wörtern usw.

das Wort: USA, Schmuck, Geld, Deutschland, Angela Merkel, Europäische Union usw.

Menschen: Günther Jauch, Sebastian Vettel, Michael Schumacher, ein bekannter Fußballprofi, ein Popstar, Barack Obama, ein bekannter Schauspieler usw.

Zimmer verändern (Wahrnehmungsspiel)

Anzahl der Spieler: ab 2
Alter: ab 7
Spieldauer: ab 5 Minuten
Spielcharakter: ruhig, kniffelig, kein Wettbewerb
Material: –

Ihr schaut euch euer Wohnzimmer zwei Minuten lang ganz genau an, merkt euch jede Einzelheit und geht dann in ein anderes Zimmer. Ein Spieler verändert im Wohnzimmer verschiedene Dinge. Nun kommt die erste Person wieder rein und zählt alle Veränderungen auf. Alle richtigen Beobachtungen werden aufgelistet. Anschließend kommt die nächste Person rein und zählt ebenfalls die Veränderungen auf usw. Wer hat die beste Beobachtungsgabe? Je nach Alter der Spielteilnehmer kann man den Schwierigkeitsgrad natürlich auch steigern, auch die Anzahl der Veränderungen.

Was ihr z. B. verändern könntet:

- der Fernseher wird in den Stand-by-Modus versetzt
- zwei Bilder an der Wand werden vertauscht
- eine Vase verschwindet, eine andere wird an eine andere Stelle gestellt
- eine Schranktür wird leicht geöffnet
- ein (auffälliges) Buch im Regal verschwindet
- das Fenster wird leicht geöffnet
- die Heizung wird an- oder ausgedreht

- ein Blumenstrauß wird in eine andere Vase gesteckt
- ein Blumentopf wird „verdreht"
- zwei Kerzen werden getauscht
- das Kissen wird umgedreht
- die Gardinen werden leicht verändert
- Stühle werden vertauscht
- eine Schublade wird ein wenig geöffnet
- ein Glas mit Wasser wird auf den Tisch gestellt
- das Licht wird angemacht
- eine Glühlampe wird ausgeschraubt

usw.

4. Spiel

Armer schwarzer Kater

Anzahl der Spieler: ab 8
Alter: ab 7
Spieldauer: Spieldauer: ca. 5–10 Minuten
Spielcharakter: witzig-spannend, kein Wettbewerb
Material: –

Dieses Spiel eignet sich manchmal auch für etwas ältere Kinder im Teenie-Alter (es kommt aber auf die Zusammensetzung an). Alle sitzen im Kreis. Eine Person spielt den „armen schwarzen Kater", muss sich vor eine Person knien und lustig oder herzergreifend oder traurig oder komisch miauen. Damit versucht der Kater, die vor ihm sitzende Person zum Lachen zu bringen. Die muss aber todernst bleiben und immer wieder dem Kater über den Kopf streicheln mit der Bemerkung „Armer schwarzer Kater". Sobald sie aber lacht, wird sie selbst der „arme schwarze Kater".

Luftballon kaputt treten

Anzahl der Spieler: ab 8
Alter: ab 6
Spieldauer: ca. 5–10 Minuten
Spielcharakter: spannend, hektisch, wild, starker Wettbewerb
Material: für jeden Mitspieler einen Luftballon und ein Seil

Zwei Spieler bekommen jeweils einen Luftballon am Seil ans Bein gebunden. Wichtig ist, dass das Seil nicht zu lang ist (ca. 40 cm), damit der Ballon auch verschwindet, wenn du z. B. dein Bein wegziehst. Nun versuchen beide, den Luftballon des anderen kaputt zu treten. Wer das schafft, bleibt im Spiel. Ein anderer aus dem Kreis tritt jetzt gegen den Sieger an usw.

6. Spiel

Klammeraffe

Anzahl der Spieler: ab 4
Alter: ab 4 (evtl. auch für jüngere Kinder)
Spieldauer: ab 5 Minuten
Spielcharakter: lustig-witzig, Wettbewerb
Material: 60 oder mehr Wäscheklammern

Ihr besorgt euch zwei kleine Eimerchen mit jeweils 30 Wäscheklammern. Zwei Spieler suchen sich jeweils noch einen Partner aus. Die beiden Spieler müssen nun versuchen, ihre 30 Wäscheklammern ihrem Partner ins Haar zu klemmen, der dabei möglichst still auf seinem Stul sitzt. Wer ist als Erster fertig? Anschließend muss der Behangene jede Klammer wieder einzeln abklemmen und in den Eimer stecken. Wer ist hier am schnellsten?

Stuhl umreissen

Anzahl der Spieler: ab 10
Alter: ab 7
Spieldauer: ca. 5–10 Minuten
Spielcharakter: wild-hektisch, spannend, interessant, verrückt, kein Wettbewerb
Material: Stuhl

Ein Stuhl wird in die Mitte des Raumes (oder auf eine Wiese) gestellt. Alle Spieler stellen sich im Kreis um den Stuhl und fassen sich an den Händen. Jetzt versucht jeder, in seine Richtung (weg vom Stuhl) zu ziehen, möglichst so, dass andere näher an den Stuhl rankommen. Wer den Stuhl berührt oder umreißt oder seinen Nachbarn loslässt, scheidet aus.
Man kann auf einer Wiese auch statt eines Stuhls einen Stock nehmen. Er wird in die Erde gesteckt. Die Aufgabe ist es, diesen nicht zu berühren oder umzureißen. Oder ihr stellt euch um einen Baum. Wer den Baum berührt oder umreißt – nee, sorry, das geht ja gar nicht ... –, also nur wer den Baum berührt, scheidet aus.

8. Spiel

Lebensmittel-Stafette

Anzahl der Spieler: ab 8
Alter: ab 5
Spieldauer: ab 10 Minuten
Spielcharakter: spannend, etwas hektisch, schwacher bis starker Wettbewerb
Material: diverse Lebensmittel

Zwei gleich starke Gruppen sitzen sich gegenüber. Die beiden ersten jeder Gruppe (A1 + B1) bekommen jeweils eine Mandarine, die beiden nächsten jeder Gruppe jeweils einen Mohrenkopf, die nächsten je ein Glas Buttermilch mit Strohhalm, die nächsten eine geschälte Gurke, ein Knäckebrot, ein Plätzchen, einen Joghurt, eine Nuss mit Nussknacker, ein Ei usw.
Wichtig dabei ist, dass die sich gegenübersitzenden Kinder jeweils das gleiche Teil zum Essen oder Trinken haben. Auf Kommando fangen die ersten beiden an, ihre Mandarine zu schälen und aufzuessen. Erst wenn die Mandarine vollständig gegessen ist, darf die zweite Person der jeweiligen Gruppe beginnen, sein Teil zu verspeisen. Welche Gruppe ist als erste fertig?

Luftballon-Transport

Anzahl der Spieler: ab 1
Alter: ab 5
Spieldauer: ca. 5–15 Minuten
Spielcharakter: witzig-lustig, spannend-interessant, kniffelig, Wettbewerb
Material: für jeden Mitspieler 10–20 Luftballons

Wer von euch schafft es, die meisten Luftballons über eine Strecke von 50 Metern zu transportieren? Die Luftballons sollten vorher aufgeblasen sein. Natürlich ist es erlaubt, sich so viele Luftballons wie möglich ins Hemd oder unter den Pullover oder in die Hose zu stecken. Bei dem Spiel geht es nicht um Schnelligkeit, sondern einfach nur um die Anzahl Luftballons, die ins Ziel transportiert werden.

10. Spiel

Geräusche raten

Anzahl der Spieler: ab 2
Alter: ab 6
Spieldauer: ab 5 Minuten
Spielcharakter: spannend, „Selbstläufer", kniffelig, kaum Wettbewerb
Material: Kassette/CD/mp3 mit unterschiedlichen Geräuschen

Du nimmst verschiedene Geräusche mit Mikrofon auf und lässt die anderen raten.

Wichtig bei der Aufnahme:

- Geh so nah wie möglich an das Objekt der Aufnahme ran.
- Lass von einem Geräusch zum anderen immer eine kleine Pause.
- Mach dir Notizen, was du in welcher Reihenfolge aufgenommen hast.

Hier ein paar Aufnahmemöglichkeiten:

- Toilettenspülung
- Schlüssel umdrehen in einem Schloss
- Streichholz anzünden
- Tür abschließen
- ein Buch anschauen, blättern
- Tür oder/und Schublade öffnen
- DVD einlegen

- Kugelschreiber „knipsen"
- Mixer laufen lassen
- Autotür zuschlagen
- Kaffeemaschine laufen lassen

Fragen an ein Geburtstagskind

Sag mal, bist Du vielleicht ein …?

Labello-Benutzer

Pfützen-Umläufer

Apfelschorle-Trinker

Zahnpastatuben-Aufwickler

Stummrülpser

Einfach-Millionär

Kissenknicker

Foto-vom-Freund-im-Portemonnaie-Dabeihaberin

Apfelschäler

Buch-zum-Film-Leser

Offline-Leser

Mandarinen-Entkerner

M&Ms-Nach-Alphabet-Esser

In-die-Hand-Huster

Handy-am-Gürtel-Träger

Rabattmarken-Sammler

Semmelbrösel-Sortierer

Brustbeutel-Entkerner

Sitzpinkler

Enten-Fütterer

Abschiedsheuler

Moorhuhn-Beschützer

Gewinn-Mitnehmer

Haustür-Zweifach-Abschließer

Teletubbies-Zurückwinker

Überraschungsei-Schüttler

Wechselgeld-Nachzähler

Kassenzettel-Nachprüfer

Kinderkarussell-Fahrer

11. Spiel

Löffel durch Pullover

Anzahl der Spieler: ab 8
Alter: ab 7
Spieldauer: ab 10 Minuten
Spielcharakter: hektisch, etwas verrückt, starker Wettbewerb
Material: 2 lange Seile mit je einem Löffel dran

Zwei gleich starke Gruppen sitzen sich gegenüber. Jede Gruppe bekommt jeweils einen Löffel, der an einem langen Seil befestigt ist. Auf Kommando muss der jeweils Erste jeder Gruppe den Löffel samt Seil durch einen seiner Ärmel stecken und so durch den Pullover/das T-Shirt ziehen, dass der Löffel am anderen Ärmel wieder rauskommt. Das Ende vom Seil darf nicht zugezogen werden, es muss noch im Pullover stecken bleiben. Der Löffel samt restlichem Seil wird an den zweiten weitergegeben, der ihn ebenfalls durch seinen Pullover steckt. Übrigens, das Seil muss so lang sein, dass das Seil noch nicht zu Ende ist, wenn der Letzte den Löffel durch seine Kleidung steckt! Bei dem Spiel darf keiner aufstehen, keiner darf einem anderen helfen. Wenn alle durch sind, nicht im Raum herumlaufen, erst vorsichtig wieder den Löffel samt Seil durch alle Pullover wieder durchziehen.

Durch Seil steigen

Anzahl der Spieler: ab 8
Alter: ab 5
Spieldauer: ca. 5–10 Minuten
Spielcharakter: spannend, hektisch, interessant, kniffelig, starker Wettbewerb
Material: jeweils zwei Seile, die so geknotet sind, dass eine Person durchsteigen kann

Du knotest ein Seil von ca. 50–70 cm so zusammen, dass man durchsteigen kann. Vorher ausprobieren, ob es passt. Nicht zu groß und nicht zu klein. Zwei gleich starke Gruppen stehen oder sitzen sich in Reihen gegenüber. Die jeweils Ersten bekommen das Seil und steigen auf Kommando durch und reichen anschließend dem nächsten Spieler das Seil. Welche Gruppe ist als Erste fertig? Übrigens, man kann von unten das Seil über den Körper ziehen oder das Seil über den Kopf ziehen und nach unten durchsteigen, das kann jeder machen, wie er will, es darf nur keiner dem anderen helfen, das Seil zu halten.

13. Spiel

Bonbon- oder Luftballonjacke

Anzahl der Spieler: ab 2
Alter: ab 5
Spieldauer: ca. 5–20 Minuten
Spielcharakter: verrückt, lustig-witzig, „Selbstläufer", hektisch-wild, kein Wettbewerb
Material: alte Jacke mit befestigten Bonbons oder Luftballons

Bei diesem Spiel geht es um keinen Gewinner oder Verlierer, sondern nur um Spaß und Action. Du besorgst dir eine alte Jacke und befestigst an der ganzen Jacke Bonbons (mit Nadel und Faden). Derjenige, der die Jacke anzieht, sollte eine gute Kondition haben. Ihr geht jetzt auf eine große Wiese oder auf einen Sportplatz, jeder versucht nun, hinter dem Bonbonmann herzulaufen und ein Bonbon abzureißen. Wer fünf Bonbons ergattert hat, darf nicht mehr mitspielen.

Wichtiger Tipp für den Läufer: Lass die kleinen oder nicht zu schnellen Kindern immer mal wieder an dich ran, gib ihnen immer wieder eine neue Chance, die schwächeren Kinder sind manchmal sehr schnell entmutigt. Vielleicht teilst du die Teilnehmer in Altersgruppen auf. Die Jüngsten beginnen (bis etwa 4 oder 5 Jahre). Nach fünf Minuten kommen die etwas Älteren dran (Fünf- bis Achtjährige). Zum Schluss gehen die Acht- bis Neunjährigen und die Zwölf- bis Dreizehnjährigen an den Start. – Bei der Jagd darf der Bonbonmann nicht festgehalten werden.

Variante A)
Du kannst statt Bonbons auch Luftballons mit Sicherheitsnadeln an die Jacke anbringen. Aufgabe ist es, die Luftballons kaputt zu machen. Auch hier gilt, wer fünf Luftballons gekillt hat, geht aus dem Spielfeld.

Variante B)
Hier noch eine Variante für ältere Kinder:
Statt Bonbons oder Luftballons bringst du verschiedene Zettel mit Begriffen an der Jacke an (mit Sicherheitsnadeln). Beim Laufen müssen die Kinder versuchen, einen Begriff zu lesen. Wenn sie einen Begriff gelesen haben, laufen sie zum Schiedsrichter. Der schreibt die Punkte auf, wenn es ein richtiger Begriff ist. Wer hat nach fünf Minuten die meisten Begriffe lesen können.

Variante C)
Die Kinder jagen den Bonbonmann immer zu zweit. Sie dürfen auch allein laufen, aber wer allein ist, kann vom Bonbonmann abgeschlagen werden, der scheidet dann aus. Nur Pärchen (die sich an den Händen festhalten) können vom Bonbonmann nicht abgeschlagen werden.

14. Spiel

Holt mir: ...

Anzahl der Spieler: ab 8
Alter: ab 5
Spieldauer: ab 15 Minuten
Spielcharakter: spannend, interessant, hektisch, „Selbstläufer", starker Wettbewerb
Material: –

Dieses Spiel kann man in Kleingruppen spielen oder auch einzeln. Du stehst als Spielleiter an einer Stelle, die für jeden gut erreichbar ist. Du nennst jetzt unterschiedlichste Dinge, die die Spieler holen sollen, z. B. einen Tannenzapfen. Jetzt laufen alle los und suchen einen Tannenzapfen. Wer dir als Erster einen Tannenzapfen auf die Hand gelegt hat, der (oder die jeweilige Gruppe) bekommt den ersten Punkt. Das Spiel lebt davon, dass die Dinge, die gesucht werden sollen, nicht zu lange zu suchen sind.

Hier ein paar Auswahlmöglichkeiten (hängt auch stark von der jeweiligen Örtlichkeit ab):

Ihr sucht: einen schwarzen Stein, Brennnessel, einen Samen, fünf gleiche Teile, ein Stück Holz, das nicht länger als 20 cm ist, einen linken Schuh, eine Zwei-Cent-Münze, eine Blume mit weißer Blüte, ein grünes Blatt, ein Tier, Autogramm eines Erwachsenen, einen rechten Strumpf, schreibt die Hauptstadt von England auf ein Papier, Streichholz, wie viel ist 555 x 11 (6105), welche Gruppe hat sich als Erste der Länge nach aufgestellt, einen Becher Wasser, malt ein Porträt von ..., singt als Gruppe ein Lied, den längsten Stock, einen Pilz, etwas Rotes, Moos, Zigarettenstummel, Silberpapier usw.

Plätze tauschen blind

Anzahl der Spieler: ab 8
Alter: ab 7
Spieldauer: ab 5 Minuten
Spielcharakter: spannend-lustig, kniffelig, kein Wettbewerb
Material: Tuch als Augenbinde

Ihr sitzt im Kreis. Jeder Mitspieler bekommt eine fortlaufende Nummer (nein, die läuft nicht fort, die Nummer bleibt bei euch). Eine Person mit verbundenen Augen steht in der Kreismitte und ruft zwei Zahlen auf. Diese beiden Personen versuchen nun gaaaaanz leise ihre Plätze zu wechseln. Währenddessen versucht die Person mit den verbundenen Augen eine von beiden anzuschlagen. Schafft sie das, wird dies die Person, die bei der nächsten Runde die Augen verbunden bekommt und fangen muss. Schafft sie es nicht, muss sie zwei weitere Zahlen nennen. Wenn sie drei Durchgänge gemacht hat, ohne jemanden zu fangen, kommt ein anderer in die Mitte.

16. Spiel

Modenschau

Anzahl der Spieler: ab 1
Alter: ab 5 (evtl. auch für jüngere Kinder)
Spieldauer: ab 5 Minuten
Spielcharakter: lustig-verrückt, spannend, interessant, witzig, „Selbstläufer", kein Wettbewerb
Material: Kiste oder Schränke mit diversen Kleidungsstücken

Warum nicht mal eine kleine Modenschau im Wohnzimmer?! Die Kinder dürfen ausnahmsweise an den Schrank der Eltern und sich einkleiden. Die Tochter zieht das Kleid der Mutter an, der Sohn schreitet mit dem Wintermantel des Vaters durchs Wohnzimmer, oder beide im Schlafanzug der Eltern wäre doch auch nicht schlecht, oder?

Achtet aber darauf, dass ihr „das kleine Schwarze" oder die anderen Kleidungsstücke der Eltern nicht beschmutzt oder einreißt. Manche Eltern haben ja auch die Größe, bei dieser Modenschau „mitzuspielen". Der Ehemann zieht etwas von der Ehefrau an und umgekehrt, oder einer der beiden Eltern moderiert die Modenschau der Kinder. Auch wenn man als Eltern(teil) nicht „aktiv" mitmacht, sollte man wohlwollende und lobende Kommentare für die Kinder übrig haben.

Ich kann mich nicht mehr an sehr viel aus meiner jüngeren Kindheit erinnern, aber das war immer etwas ganz Besonderes, wenn ich die verschiedensten Kleidungsstücke meiner Eltern angezogen und mich ihnen dann präsentiert habe. Das blieb bis heute in meiner Erinnerung haften.

Drachen fangen

Anzahl der Spieler: ab 10
Alter: ab 6
Spieldauer: ab 10 Minuten
Spielcharakter: spannend, hektisch-wild, lustig, interessant, Wettbewerb
Material: Ball

Ein Drache besteht aus sechs bis acht Kids, die sich an den Hüften hintereinander festhalten. Um den Drachen stehen in größerem Abstand die restlichen Kinder drum rum (oder dumm rum!). Die Kinder im Kreis versuchen nun, mit einem Ball den Schwanz des Drachens (das letzte Kind) zu treffen. Dabei darf der Drachenkopf (das erste Kind) zur Abwehr des Balls seine Hände und Füße benutzen. Die anderen Kinder dürfen natürlich nicht die Hüften ihrer Mitspieler loslassen. Wer getroffen hat, kommt an das Schwanzende. Wer getroffen wurde, wird Drachenkopf, und wer eben Drachenkopf war, scheidet als Drache aus, stellt sich nach außen und wird Drachenjäger. Falls der Drache sehr geschickt ist, kann man es ihm auch etwas „heißer gestalten", indem man mehr als einen Ball zum Abwerfen benutzt.

18. Spiel

Reise nach Jerusalem

Anzahl der Spieler: ab 8
Alter: ab 6
Spieldauer: ca. 5–15 Minuten
Spielcharakter: wild, etwas hektisch, spannend, lustig, starker Wettbewerb
Material: Hut oder Luftballon

Alle sitzen im Kreis, und ein Hut wird von Kopf zu Kopf weitergegeben. Während des Weitergebens wird Musik gespielt, entweder live zur Gitarre oder zur Musik von CD/mp3. Der Spielleiter beendet schlagartig, ohne Vorwarnung die Musik. Wer zu diesem Zeitpunkt den Hut auf dem Kopf hat, scheidet aus und muss sich in die Kreismitte auf die Erde setzen. Die Musik geht weiter und ebenso der Hut, bis die Musik plötzlich wieder beendet wird. Achtet darauf, dass der Hut auch wirklich auf dem Kopf sitzt und nicht nur in der Hand weitergegeben wird.

Spielvariante mit einem Luftballon:
Ein aufgeblasener Luftballon wird weitergegeben. In Empfang nehmen darf man ihn mit beiden Händen, aber weitergeben nur, indem man ihn am Knoten festhält und weiterreicht. Auch hier hört irgendwann mal die Musik auf.
Wer zu diesem Zeitpunkt den Luftballon in der Hand hat – es können auch zwei Personen sein, der, der ihn weitergibt, und der, der ihn in Empfang nimmt –, scheidet(n) aus und muss in die Mitte des Kreises. Jetzt geht das Lied wieder weiter, und auch die Wei-

tergabe des Luftballons wird fortgesetzt (ein schreckliches Beamtendeutsch, oder?). Irgendwann hört das Lied wieder auf, und der, der gerade den Luftballon hat ...

19. Spiel

Wegdrücken

Anzahl der Spieler: ab 2
Alter: ab 7
Spieldauer: ca. 5–10 Minuten
Spielcharakter: interessant, spannend, etwas verrückt, starke Konzentration nötig, kniffelig, starker Wettbewerb
Material: –

Bei diesem Spiel ist nicht so sehr Kraft als vielmehr Köpfchen gefragt.
Ein Paar stellt sich mit einem Abstand von einem halben Meter gegenüber. Aufgabe ist es, den anderen Spieler wegzudrücken oder ihn dazu zu verleiten, „auf dich zu fallen". Es ist nicht erlaubt, die Hände des anderen zu ergreifen, man darf nur mit der glatten Handfläche die glatte Handfläche des anderen wegdrücken. Man darf allerdings auch blitzschnell seine Hände wegziehen oder den Gegendruck plötzlich verringern, während der andere drückt. Es scheidet derjenige aus, der als Erster seine Füße bewegt oder eine andere Stelle als die glatte Handfläche des anderen berührt (auf die Gegenperson fällt). Es klingt vielleicht etwas kompliziert, wird aber für viele Leute schnell ein Lieblingsspiel. Ein Spiel, bei der mindestens so viel Kopf wie Kraft verlangt wird. Pfiffige jüngere oder kleinere Spieler kann man ruhig auch mal gegen einen Größeren anspielen lassen. Oft schaffen es die Kleinen, wenn sie schlau sind, dass ihr größerer Partner auf sie fällt und damit ausscheidet.

Styropor-Fische

Anzahl der Spieler: ab 1
Alter: ab 5
Spieldauer: ca. 5–10 Minuten
Spielcharakter: kniffelig, interessant, spannend, Glückssache, Wettbewerb
Material: Wanne mit Wasser, Styroporflocken, Münzen

In eine Wanne mit Wasser werden verschiedene Styroporteile (Fische) gelegt. Auf einigen Fischen steht auf einer Seite eine Zahl. Die Fische werden so ins Wasser gelegt, dass die aufgeschriebene Zahl unten liegt und man sie nicht sehen kann. Jetzt kann jeder nacheinander mit Münzen in die Wanne werfen. Alle umgedrehten Styroporteile, die eine Zahl aufweisen, werden herausgenommen, wer hat die höchste Punktzahl?
Dieses Spiel eignet sich gut dafür, wenn ihr auf einem Gemeindefest oder Flohmarkt für konkrete Projekte Geld sammeln wollt, wie z. B. Dritte-Welt-Aktion, Patenschaft oder auch zum Ausbau eures neuen Gruppenraumes, für eine neue Tischtennisplatte …
Man kann, wenn man einen Zahlenfisch ergattert hat, eine Kleinigkeit gewinnen, ein Fisch ohne Zahl ist eben eine Niete. Geworfen wird mit 10-, oder 20-Cent-Münzen

Witze

Drei Kinder unterhalten sich, und jedes will etwas mehr angeben. Das erste: „Wir sind zu Hause drei Kinder, und jedes hat sein eigenes Besteck!"
Darauf das zweite: „Na und? Wir sind fünf Kinder zu Hause, und jedes hat sein eigenes Zimmer!"
Schließlich das dritte Kind: „Ist doch gar nichts. Wir sind acht Kinder zu Hause, und jedes hat seinen eigenen Papi!"

Britta bekommt für den Abiturball ein traumhaftes Abendkleid. „Mutti, was ist das für ein toller Stoff?" „Reine Seide, mein Kind." „Oh, was für eine Pracht, und alles von einem unscheinbaren Wurm!" „Bitte, sprich nicht so über deinen Vater!"

Die Meiers haben Zwillinge bekommen. Als die Mutter heimkommt, wird sie von dem kleinen Robert begrüßt: „Ich habe der Lehrerin von einem neuen Brüderchen erzählt und habe drei Stunden freibekommen!", jubelt er.
„Warum hast du denn nicht gesagt, dass es zwei sind?", will die Mutter wissen.
„Ich bin doch nicht blöd", ruft er, „den anderen heb ich mir für nächste Woche auf!"

Der stolze Vater prahlt beim Kaffee, wie toll sein einjähriger Sohn schon sprechen kann. „Bubi, sag mal ‚Rhinozeros'!" Der Kleine kommt zum Tisch gekrabbelt, zieht sich an der Tischkante hoch, schaut skeptisch in die Runde und fragt: „Zu wem?"

Fragt die Tante: „Hilfst du auch immer schön deiner Mutter?" Sagt der Kleine: „Klar. Ich muss immer die Silberlöffel zählen, wenn du gegangen bist!"

Fragt der Malermeister seinen Sohn: „Wann ist Mutter denn endlich fertig mit Schminken?" Darauf der Kleine: „Mit dem Unterputz ist sie schon fertig, jetzt macht sie gerade den ersten Anstrich."

Fritzchen ist mit seiner Mutter zum ersten Mal in der Oper. „Mama, warum droht der Mann da vorne der Dame auf der Bühne mit dem Stock?" „Er droht nicht, er dirigiert." „Und warum schreit die dann so?"

Ein fünfjähriger Junge darf ins Flugzeug-Cockpit, setzt sich hin und schaut zu. Die Zeit vergeht. Der Kapitän rückt sich seine Sonnenbrille zurecht. Die Zeit vergeht. Zehn Minuten später fragt der Kapitän den kleinen Jungen: „Na, Kleiner, willst du auch mal Pilot werden?" Der Junge antwortet: „Nee, ich nicht, aber mein Bruder, der faule Sack!"

21. Spiel

Vasen werfen

Anzahl der Spieler: ab 3
Alter: ab 6
Spieldauer: ab 5 Minuten
Spielcharakter: spannend, kniffelig, lustig, Wettbewerb
Material: Tennisbälle, 6 Büchsen, Vasen oder Stofftiere oder …

Sechs Büchsen werden in Pyramidenform aufgestellt (drei unten, zwei darüber, eins oben) und müssen mit Tennisbällen abgeworfen werden. Das klingt zuerst einfach, für ältere Spieler kann man aber auch die Entfernung vergrößern, sodass trotzdem genug Spannung in dem Spiel steckt. Als kleine Variante könnte man aber auch alte Teddys, alte, nicht mehr benötigte Bücher oder Vasen benutzen und damit einen Turm bauen. Alles, was herunterfällt, zählt, alles, was kaputtgeht, zählt nicht. Ganz Kreative können evtl. auch mit ganz unterschiedlichen Gegenständen eine Pyramide bauen: alte Flaschen, Milchtüten, leere Cornflakes-Packungen, alte Autoteile, Taschen, Plüschtiere usw.

Warum-Weil-Zettel

Anzahl der Spieler: ab 2
Alter: ab 7
Spieldauer: ab 5 Minuten
Spielcharakter: spannend, interessant, witzig, kein Wettbewerb
Material: für jeden Mitspieler einen Zettel und Stift

Jeder Spieler hat einen Zettel vor sich und schreibt darauf eine Frage, die mit „Warum" beginnt, z. B.: „Warum gehst du eigentlich in die Schule?" – „Warum popelst du so gerne in der Nase?" –„Warum ekelst du dich vor Spinnen?" – „Warum siehst du so komisch aus?" – usw.
Falls keinem so schnell Warum-Fragen einfallen, kann man ja die vier Fragen als Muster kurz angeben, besser ist aber, wenn die Kinder sich eigene Fragen ausdenken. Wenn jeder seine Frage aufgeschrieben hat, wird der Zettel so geknickt, dass man die Frage nicht mehr lesen kann. Nun wird jeder Zettel an den rechten Nachbarn weitergegeben. Dieser schreibt, ohne die Frage zu kennen, seine Antwort auf, die immer mit „Weil ..." beginnen muss; z. B. „Weil ich das liebe." – „Weil das am billigsten war." – „Weil mich meine Mutter so erzogen hat".

Auch diese Antworten sind nur Tipps. Wenn alle ihre Antworten aufgeschrieben haben, liest jeder der Reihe nach die Frage und die Antwort vor. Sicher werden bei einigen von euch lustige Zusammenhänge herauskommen. Nun wird der Zettel wieder geknickt, und jeder schreibt seine nächste Frage auf, das Spiel beginnt wieder vor vorne.

23. Spiel

Wenn der Spielleiter zum Rategegenstand wird

Anzahl der Spieler: ab 8
Alter: ab 8
Spieldauer: Spieldauer: ca. 5–10 Minuten
Spielcharakter: spannend, etwas kniffelig, kein Wettbewerb
Material: –

Alle sitzen im Kreis. Eine Person, z.B. Jeanette, geht raus. Den anderen wird gesagt, dass das, was zu raten ist, Jeanette selbst ist. Die Person von draußen wird wieder reingeholt. Der Spielleiter sagt ihr: „Es muss etwas erraten werden und du musst es herausbekommen. Du darfst jedem von uns Fragen stellen, aber nur solche, die mit Ja oder Nein beantwortet werden können." Die Fragen werden jedem nach der Reihe im Kreis gestellt. Wenn Jeanette gleich am Anfang fragt: „Ist das, was ich raten soll, eine Person oder ein Gegenstand?", sagt ihr, dass diese Frage nicht erlaubt ist, weil sie nicht mit Ja oder Nein beantwortet werden kann – sie braucht sie ja nur umformulieren, schon kommt sie weiter, z.B. „Ist das, was ich raten soll, eine Person?" Das musst du ihr aber nicht gleich verraten. Wie lange braucht sie, um herauszubekommen, dass sie selber zu raten war?

Blind anziehen

Anzahl der Spieler: ab 2
Alter: ab 6
Spieldauer: ca. 5–10 Minuten
Spielcharakter: witzig-lustig, spannend, interessant, kaum Wettbewerb
Material: diverse alte unterschiedlichste Kleidungsstücke

In der Mitte des Spielfeldes liegt ein Haufen Bekleidungsstücke. Möglichst komische, lustige und außergewöhnliche Kleidungsstücke aussuchen wie: lange Unterhose, schwerer Wintermantel, Unterrock, Badehose, Pudelmütze, Gummistiefel, Sandalen, Wintersocken usw.
Zwei Mitspielern werden die Augen verbunden, und beide müssen innerhalb von zwei Minuten so viele Kleidungsstücke anziehen, wie sie können. Eigentlich hat das Spiel so viel Spannung und Witz, dass man zwar einen Wettkampf mit einbauen kann, aber auch ohne Wettkampf geht das Spiel gut ab.

25. Spiel

Kartoffelspiele

Anzahl der Spieler: ab 8
Alter: ab 6
Spieldauer: ca. 5–10 Minuten
Spielcharakter: spannend, starker Wettbewerb
Material: diverse Kartoffeln, 2 Löffel, 2 Schüsseln

Vielleicht war jemand von euch ja schon mal bei einer Kartoffelernte dabei, sicher nur die Älteren von euch. Heute spielen wir ein paar alte Kartoffelspiele:

Zwei Gruppen bekommen je eine Schüssel mit zehn Kartoffeln und jeweils einem Löffel. Die Kartoffeln werden ausgeschüttet. Jeweils ein Mitspieler von jeder Gruppe tritt gegen den anderen an. Beide bekommen einen Löffel und müssen nun die Kartoffeln einhändig mit dem Löffel wieder einsammeln. Eine Hand bleibt dabei auf dem Rücken, auch dürfen Knie, Fuß oder anderes nicht als Hilfe benutzt werden. Welche Gruppe hat als erste die Kartoffeln wieder in ihrer Schüssel?

Zwei Spieler versuchen, sich gegenseitig eine Kartoffel, die auf einem Löffel liegt, mit der Hand herunterzuhauen. Dazu darf aber nur die Hand bzw. der Arm benutzt werden, mit der der eigene Kartoffellöffel gehalten wird. Die andere freie Hand muss auf dem Rücken bleiben. Auch sonstiger körperlicher Einsatz ist nicht erlaubt.
Wer Skrupel hat, mit Lebensmitteln zu spielen, kann natürlich auch statt Kartoffeln Tennisbälle, Tischtennisbälle oder Kastanien nehmen (aber wehe ihr nehmt Esskastanien!).

Hindernislauf

Anzahl der Spieler: ab 8
Alter: ab 6
Spieldauer: ca. 5–10 Minuten
Spielcharakter: spannend, etwas kniffelig, starker Wettbewerb
Material: Seil

Jeweils zwei Personen stellen sich nebeneinander, und ihnen werden die inneren Beine (am Knöchel) zusammengebunden. Jedes Duo stellt sich jetzt an der Startlinie auf und läuft auf Kommando los. Immer zwei Pärchen laufen halb, halb hüpfen sie zum Ziel. Welches Duo ist als Erstes dort?

27. Spiel

Eierlauf

Anzahl der Spieler: ab 6
Alter: ab 6
Spieldauer: ab 5 Minuten
Spielcharakter: spannend, verrückt-witzig, kein Wettbewerb
Material: etwa 5–8 Eier, 1 Packung Cornflakes, Augenbinde

Etwa zehn Eier werden in einer geraden Reihe auf den Boden gelegt, im Abstand von jeweils einem knappen Meter. Dem Spieler wird gesagt, das Ziel sei, mit verbundenen Augen den Kurs durch die Eier zu gehen, ohne ein Ei zu zertreten. Zuerst macht der Läufer zwei „Trockenübungen", d.h. mit geöffneten Augen. Dann wird es ernst. Während der Spieler die Augen verbunden bekommt, werden alle Eier von den Mitarbeitern lautlos vom Boden aufgehoben, während dem Läufer noch mal etwas lauter erklärt wird, was er machen muss (damit er die Geräusche des Eieraufhebens nicht mitbekommt). Zusätzlich wird der Fußboden lautlos mit Cornflakes (die noch nicht „zerstört" sind) bedeckt. Wenn man darauftritt, klingt es, als würde man auf Eierschalen treten. Nun wird die Person an die Hand genommen und durch den Eierparcours geführt. Richtig spannend wird es, wenn man immer wieder „Vooorsicht!" oder „Weiter rechts" sagt.
Bevor der Lauf zu Ende geht, werden die Eier wieder vorsichtig auf die Erde gelegt, sodass der Läufer denkt, er sei wirklich zwischen den Eiern hergelaufen. Dann wird ihm die Augenbinde abgenommen und alle klatschen, wie toll er das gemacht hat. Es bleibt euch überlassen, ob ihr das Geheimnis verratet oder für euch behaltet.

Wanderung mit Aufgaben

Anzahl der Spieler: ab 4
Alter: ab 7
Spieldauer: ab 30 Minuten
Spielcharakter: interessant, kein Wettbewerb
Material: Vorbereitete Zettel und pro Gruppe einen Korb

Jeder bekommt einen vorbereiteten Zettel und einen Korb. Ihr könnt die Aufgaben allein lösen, aber auch in Gruppen, sodass auch jüngere Kinder mitmachen können. Bevor ihr losgeht, macht ihr den Zeitpunkt und Treffpunkt aus, wann ihr euch wieder trefft. Es werden alle Dinge gemeinsam begutachtet. Hier die Aufgaben.

Es müssen besorgt werden:

1. Eine Feder
2. Ein Samen
3. Genau 30 Exemplare einer Sache
4. Ein Dorn
5. Etwas Rundes
6. Etwas Flauschiges
7. Etwas Scharfes
8. Ein von Menschen hinterlassenes Abfallstück
9. Etwas vollkommen Gerades
10. Etwas Schönes
11. Etwas, das ein Geräusch macht
12. Ein angeknabbertes Blatt/nicht von dir

usw.

2.9. Spiel

Das haut dich vom Sockel

Anzahl der Spieler: ab 2
Alter: ab 7
Spieldauer: ca. 5–30 Minuten
Spielcharakter: spannend, interessant, kniffelig, starke Konzentration nötig, „Selbstläufer", starker Wettbewerb
Material: 2 größere Steine (auf die man sich stellen kann) – Tau

Zwei Personen stellen sich im Abstand von 3–5 Metern jeder auf einen Stein. Zwischen ihnen liegt ein Tau. Die beiden Spieler nehmen jeder ein Ende des Taues in die Hand. Der Spielleiter gibt das Startzeichen. Jetzt holt sich jeder erstmal genug Tau (als „Spielraum"), d.h. zieht so viel Tau wie möglich auf seinen Bereich. Wenn nichts mehr da ist, wird's spannend, d.h. das Tau spannt, und damit beginnt der spannende Moment. Bei dem Spiel geht es nämlich nicht nur um Kraft, sondern auch um Köpfchen (deshalb haben auch manche Jungens bei dem Spiel echte Schwierigkeiten, weil sie denken, mit Kraft könnten sie alles erreichen). Aufgabe ist es, den anderen Spieler „vom Hocker zu reißen", d. h. zu sich zu ziehen mit einem kurzen Ruck oder evtl. auch das Tau blitzschnell nachzulassen, wenn der andere zieht, sodass er nach hinten fällt, weil er ja keinen Widerstand erfährt. Hierfür ist es notwenig, am Anfang des Spiels genügend „Spielraum" (Tau) in Reserve einzusacken.

Karten werfen

Anzahl der Spieler: ab 2
Alter: ab 5
Spieldauer: ca. 5–10 Minuten
Spielcharakter: spannend, schwieriger, als auf den ersten Blick erkennbar, kniffelig, starker Wettbewerb
Material: Kuchenteller und 10 Spielkarten

Du nimmst einen Stuhl und legst etwa 1,5–2 Meter davon entfernt einen Kuchenteller auf die Erde. Jetzt stellt sich der erste Werfer hinter den Stuhl und darf, ohne sich vorzubeugen, fünf Spielkarten so in Richtung Teller werfen, dass möglichst viele Karten auf dem Teller landen. Die Spielkarten dürfen nicht gemeinsam im 5er-Pack, sondern müssen einzeln geworfen werden. Das klingt einfacher, als es ist. Kaum eine der Karten wird auf dem Teller landen. Glaubst du nicht? Dann probier's doch mal aus!

Witze

„Ich habe heute ein tolles Lob von meinem Lehrer bekommen." „Und welches?" „Er sagte, wenn er lauter solche Schüler wie mich hätte, könnte er die Schule zumachen."

„Da hast du dir ja was geleistet!", schimpft der Lehrer. „Dein Aufsatz ‚Unser Hund' ist wortwörtlich derselbe wie der deines Bruders." „Das ist doch kein Wunder, es ist ja auch derselbe Hund."

Frage an den Gefängnisaufseher: „Glauben Sie, dass Sie auch mit den schwierigen Häftlingen zurechtkommen werden?" „Ganz bestimmt", meint der Neue, „wer Ärger macht, fliegt raus!"

Ein Mann betritt einen Kiosk: „Ich hätte gerne ein Hustenmittel." Verkäufer: „Mit oder ohne Filter?"

Im Museum: „Sind Sie noch zu retten? Die Vase, die Sie gerade runtergeschmissen haben, ist 2500 Jahre alt!" „Na, dann geht's ja noch mal. Ich habe schon Angst gehabt, die wäre neu."

Klaus und Johannes sitzen im Kino nebeneinander. Kurz vor der Pause erscheint ein Kaktus auf der

Leinwand, und weit hinten sieht man einen Cowboy herannahen. Dann geht das Licht an. Klaus sagt zu Johannes: „Was wettest du, der Cowboy reitet in den Kaktus?"
Johannes antwortet: „Das glaube ich nicht. So dumm ist dieser Cowboy nicht." Die beiden verabreden, dass sie nach der Vorstellung eine Flasche Wein trinken gehen und dass der Verlierer der Wette bezahlt. Nach der Pause zeigt sich, dass Klaus die Wette gewinnt.
So genießen die beiden nach der Vorstellung eine Flasche Wein in einem nahe gelegenen Restaurant. Kurz bevor es ans Bezahlen geht, sagt Klaus: „Ich muss dir gestehen, dass die Wette nicht fair war. Ich habe den Film bereits zum zweiten Mal gesehen." Darauf antwortet Johannes: „Ja, und ich zum fünften Mal. Aber ich hätte nie gedacht, dass dieser Dummkopf noch einmal in den Kaktus reitet."

Klein Fritzi: „Mutti, weißt du eigentlich, wie viel in so 'ner Zahnpastatube drin ist?" Mutti, mittelmäßig interessiert: „Nein, mein Liebling." Klein Fritzi stolz: „Zweimal auf dem Sofa hin und zurück!"

Die kleine Anna ist zum ersten Mal an der See. Als sie einen Dampfer sieht, zeigt sie aufgeregt hin: „Sieh mal, Vati, sieh mal, dort badet eine Lokomotive!"

31. Spiel

Gegenstände merken (Wahrnehmungsspiel)

Anzahl der Spieler: ab 2
Alter: ab 6
Spieldauer: ca. 5–10 Minuten
Spielcharakter: spannend, kniffelig, starke Konzentration nötig, kein Wettbewerb
Material: Augenbinde – diverse Gegenstände (siehe unten)

Du legst ca. 10–30 verschiedene Gegenstände auf den Tisch, z.B.: Münze, Löffel, CD, Streichholzschachtel, Packung Papiertaschentücher, Brille, Kerze, Buch, Uhr, Korken, Messer, Rolle Toilettenpapier, Strumpf, Glas, Briefumschlag, Zuckerwürfel, Glühlampe, Filzstift, Legostein, Banane, Teller, Radiergummi, Taschenrechner usw.
Die Mitspieler schauen sich die Gegenstände 30 Sekunden lang an und versuchen sich so viele wie möglich einzuprägen.

A) Danach legst du eine Decke über die Gegenstände, und jeder hat zwei Minuten Zeit, so viele Gegenstände aufzuschreiben, wie ihm einfallen. Anschließend wird verglichen. Wer hat die meisten Gegenstände behalten?

B) Der, von dem du denkst, er sei die Person mit dem vielleicht besten Gedächtnis, stellt sich mit dem Rücken zum Tisch und versucht, so viele Gegenstände aufzuzählen, wie ihm einfallen, ohne sie zu sehen.

Kleiner Tipp: Es hilft, wenn man den Gegenstand, der benannt wird, zur Seite legt und nicht zu lange Überlegungszeit lässt. Danach kommt der, von dem du denkst, er hätte das zweitbeste Gedächtnis. Ganz zum Schluss kommen die kleineren oder jüngeren Kinder dran. Sie haben den Vorteil, kleiner Trick am Rande (aber nicht verraten!), dass sie bei den vorhergehenden Mitspielern schon mitüben konnten, sich die Gegenstände zu merken. Also, der Erste hat es am schwersten, deshalb sollten dies die Ältesten oder Cleversten sein.

C) Alle sitzen im Kreis. Jeder hat die Gegenstände aus dem Gedächtnis auf einen Zettel geschrieben. Nun muss jeder der Reihe nach einen Gegenstand nennen. Es darf natürlich keiner doppelt genannt werden. Wer keinen Gegenstand weiß, stellt sich hin und darf nicht mehr mitmachen. Wer sitzt bis zum Schluss?

32. Spiel

Johann, wo bist du?

Anzahl der Spieler: ab 8
Alter: ab 6
Spieldauer: ca. 5–10 Minuten
Spielcharakter: spannend, kein Wettbewerb
Material: 2 Augenbinden

Alle stehen in einem großen Kreis. Zwei Spielern, die in der Kreismitte stehen, werden die Augen verbunden. Der eine ist Johann, der andere ist der Herr. Der Herr versucht Johann zu fangen und fragt öfter mal: „Johann, wo bist du?" Johann muss darauf mit „Hier" antworten, sollte sich dann aber schnellstens aus dem Staub machen, falls das in dieser Dunkelheit überhaupt geht. Johann darf den Kreis natürlich nicht verlassen. Sobald der Herr den Johann gefangen oder berührt hat, kommen die nächsten beiden dran.

33. Spiel

Eigenschaften (Wahrnehmungsspiel)

Anzahl der Spieler: ab 2
Alter: ab 6
Spieldauer: ca. 5–10 Minuten
Spielcharakter: spannend, kniffelig, starke Konzentration nötig, kein Wettbewerb
Material: Augenbinde, diverse Gegenstände

Spielregel wie Spiel Nr. 31, nur mit einem Unterschied, dass du nicht fragst, welche Gegenstände auf dem Tisch liegen, sondern du willst konkrete Eigenschaften der Gegenstände wissen. Auch hier kann man nach Spielvariante A) + B) + C) spielen.

Welcher Gegenstand war aus Metall, aus Plastik?
Welcher Gegenstand bestand ganz oder teils aus Papier?
Welcher Gegenstand war der billigste, der teuerste?
Welcher Gegenstand war der längste, der schwerste?
Auf welchem Gegenstand befand sich eine Zahl, Buchstaben, die Farbe rot?
Welchen Gegenstand kann man nicht kaufen?
Welcher Gegenstand ist ganz oder teilweise durchsichtig?
usw.

Die Fragen hängen natürlich individuell von den Gegenständen ab, die auf dem Tisch liegen.

34. Spiel

Das Geld vor der Wand

Anzahl der Spieler: ab 2
Alter: ab 5
Spieldauer: ca. 5–20 Minuten
Spielcharakter: spannend, kniffelig, starker Wettbewerb
Material: für jeden Mitspieler 5 10-Cent-Münzen

Jeder bekommt fünf 10-Cent-Münzen. Der Erste wirft seine Münze so an die Wand, dass sie möglichst nah an der Wand liegen bleibt. Danach kommen die nächsten mit ihren Münzen dran. Derjenige, der seine Münze am nächsten an der Wand liegen hat, darf alle geworfenen Münzen einsammeln. Danach wirft jeder seine zweite Münze. Auch hier zählt wieder, wer am nächsten an der Wand liegt, bekommt alle Münzen, die auf der Erde liegen. Du kannst das Spiel mit unterschiedlichen Schwerpunkten beenden:

A) Der Erste, der keine Münze mehr hat, beendet das Spiel. Wer dann am meisten hat, hat gewonnen.
B) Die, die keine Münzen mehr haben, bekommen immer wieder fünf neue Münzen. Wer als Erster eine bestimmte Anzahl erreicht hat, gewinnt, z. B. wer als erster 30 oder mehr Münzen erworfen hat.
C) Nach fünf Würfen wird gezählt, wer die meisten Münzen hat.

Ein Chinese mag keinen Tee

Anzahl der Spieler: ab 6
Alter: ab 8
Spieldauer: ab 5 Minuten
Spielcharakter: witzig, kniffelig-verrückt, kein Wettbewerb
Material: –

Alle sitzen im Kreis. Der Spielleiter teilt allen laut und deutlich mit: „Ein Chinese mag kein ‚t'". Alle hören und verstehen natürlich „Tee". Jetzt wird jeder in der Runde gefragt: „Was mag ein Chinese?" und jeder soll irgendetwas sagen, was er denkt, was ein Chinese mag. Kommt in dem genannten Begriff ein ‚t' vor, wie z.B. bei Apfelsaft, Tomaten, Spaghetti, Autorennen, Legosteine, Computer, usw., sagt der Spielleiter: „Nein das mag der Chinese nicht. Er mag ja kein t." Die anderen denken an Tee und verstehen nicht, worum es geht. Wenn jemand einen Begriff nennt, in dem das „t" nicht vorkommt, wie z.B. Cola, Pommes, Klöße, Schwimmen, Schach, CD-Player usw., sagt der Spielleiter: „Richtig, das mag er." Nach der ersten Runde wird gefragt, wer sich vorstellen kann, welches System dahintersteckt, was die Lösung ist. Wenn die Spieler noch nicht dahinterkommen, wird noch eine Runde gespielt und gesagt, dass jeder genau zuhören muss.
Achtet darauf, dass keiner, der das Spiel schon kennt, den Trick verrät. Fragt am besten vorher alle Teilnehmer, ob sie das Spiel kennen. Wer es kennt, darf mitspielen, den Gag oder die Lösung aber nicht verraten.

36. Spiel

Auto-Quiz

Anzahl der Spieler: ab 2
Alter: ab 7
Spieldauer: ca. 5–30 Minuten
Spielcharakter: kniffelig, spannend, interessant, starker Wettbewerb
Material: –

Der jüngste Teilnehmer bekommt die erste Frage gestellt. Hat er die Frage richtig, bekommt die zweite Frage der nächstältere Teilnehmer gestellt. Hat er die Frage falsch, bekommt der nächstältere die gleiche Frage gestellt usw.

1. Nenne ein Auto, das nach Tiernamen benannt wurde (VW Käfer – Ente/Citroën – Jaguar)
2. 16 Taxen stehen auf einem Taxenstand. Drei fahren weg. Wie viele bleiben stehen? (keins – sie rücken alle nach)
3. Heißt die Mehrzahl von Lkw: Lkws oder Lkw? (Lkws)
4. Ein Auto fährt eine Rechtskurve. Welches Rad wird am wenigsten belastet? (das Reserverad)
5. Die Geldtransportfahrer sind meistens Polizisten (nein)
6. Sind die Opelwerke in Wolfsburg? (nein)
7. Im Lotto kann man keine Autos gewinnen. (ja)
8. Das Autokennzeichen für Kassel heißt „KA“. (nein)
9. Welche deutsche Autofirma baut auch Motorräder? (BMW)
10. Wie nennt man in USA die Lkws? (Truck)

11. Welche Uhrenfirma hat mit Mercedes gemeinsam ein Auto produziert? (Swatch)
12. Auf welcher Strecke wurden keine Autorennen gefahren: Nürburgring – Stadtautobahn Avus in Berlin – oder die Teststrecke von VW in Wolfsburg? (Teststrecke von VW in Wolfsburg)
13. Wie hieß der Konstrukteur von VW? (Porsche)
14. Nenne eine schwedische Autofirma. (Volvo)
15. Welche Autofirmen gab es in der ehemaligen DDR? (Trabant/Wartburg)

37. Spiel

Gummistiefel weit kicken

Anzahl der Spieler: ab 2
Alter: ab 6
Spieldauer: ca. 5–10 Minuten
Spielcharakter: spannend, lustig, starker Wettbewerb
Material: 1 Paar zu große Gummistiefel

Heute macht ihr mal was, was ihr sonst nie tut. Ihr geht halb barfuß ins Freie. Vorher zieht einer von euch einen zu großen Gummistiefel an und kickt ihn so weit wie möglich weg. Dort, wo er landet, wird eine kleine Markierung hingelegt. Dann kommt der nächste Spieler dran. Wer kickt den Gummistiefel am weitesten weg?

Groschen auf Knie

Anzahl der Spieler: ab 8
Alter: ab 6
Spieldauer: ca. 5 Minuten
Spielcharakter: spannend, interessant, verrückt, witzig-lustig, kein Wettbewerb
Material: Münzen

Alle Personen sitzen im Kreis. Du sagst den Teilnehmern, dass hier irgendwo im Raum ein Euro offen für jeden sichtbar ausliegt. Wer diesen sieht, soll sich still wieder auf seinen Stuhl setzen. Beim Suchen darf nicht geredet oder gelacht werden, auch Zeichensprache ist nicht erlaubt. Sag den Teilnehmern, dass das Geldstück nicht versteckt liegt, es liegt also nicht unter einem Gegenstand, man muss nichts anfassen oder wegräumen, man muss sich nicht bücken, um das Geldstück zu sehen. Wer es sieht, setzt sich, ohne irgendeinen Kommentar, ohne den anderen Hilfe oder Tipps zu geben.

Nachdem du das Spiel erklärt hast, setzt du dich auf einen Stuhl im Spielkreis, hattest vorher das Geldstück, das gesucht werden soll, für die anderen unbemerkt in der Hand und legst es jetzt, ohne dass es auffällt, auf eines deiner Knie, sodass es jeder sehen kann. So bleibst du die ganze Zeit auf deinem Platz sitzen und beobachtest die anderen beim Suchen. Immer mal wieder darauf hinweisen, dass keiner reden oder lachen darf. Wer zuletzt sitzt, bekommt das Geldstück. Das wissen die Teilnehmer aber vorher nicht!

39. Spiel

Über Kerzenflaschen steigen

Anzahl der Spieler: ab 8
Alter: ab 6
Spieldauer: ca. 5–10 Minuten
Spielcharakter: kniffelig, spannend, witzig-lustig, kein Wettbewerb
Material: 5–10 Kerzen, 5–10 Flaschen, Augenbinde

Weihnachtsmännern und Nikoläusen wird viel abverlangt, sie müssen im Dunkeln schreiben können und müssen oft mit ihren schweren Stiefeln durch hohe Schneewehen steigen. Jetzt üben wir das typische Nikolaus-Steigen. In die Mitte des Kreises werden etwa 5 bis 10 Flaschen (je nach Platz) in einer Reihe gestellt mit etwa 50 bis 80 cm Abstand. Auf jeder Flasche steckt eine brennende Kerze. Eine Person wird herausgepickt, die die Aufgabe hat, über die Flaschen zu steigen, ohne sie umzuwerfen und ohne sich an der Hose zu verbrennen. Der Spielleiter sollte darauf achten, dass der Spieler nicht neben der Flasche hersteigt, sondern möglichst über die Flasche steigt (beim Probelauf!).
Zwei Probegänge sind erlaubt, „um ein Gefühl für die Höhe und den Abstand zu bekommen", wird der Person gesagt. Beim Probelauf werden die Kerzen natürlich noch nicht angesteckt.
Und jetzt wird's ernst. Die Kerzen werden angezündet. Bei starken Schneestürmen sieht der Nikolaus natürlich gar nichts, da muss er sich auf sein gutes Gefühl verlassen. Jetzt werden dem Spieler die Augen verbunden, währenddessen leise ein anderer Mitspieler alle Flaschen unbemerkt zur Seite stellt, vorsichtig, dass die Ker-

zen nicht ausgehen oder umfallen. Der Spieler mit den verbundenen Augen wird zur ersten „Flasche" geführt. Der Spieler steigt jetzt über die erste Flasche, wo gar keine ist. Als Gruppe kann man das natürlich unterstützen mit entsprechenden Kommentaren „Oh, das war knapp!", oder „Jaaaieieie" oder „... geschafft!" „Pass auf!! Das Bein muss höher! Du verbrennst dir die Hose!" usw. Jede scheinbare Flasche wird erst dann wieder auf den alten Platz zurückgestellt, wenn der Spieler „über sie gestiegen ist".
Nach der letzten Flasche wird dem Spieler langsam (!) die Augenbinde abgenommen, damit ihr genügend Zeit habt, die restliche(n) Flasche(n) zurückzustellen. Ein Applaus für die Superleistung im Blindflug!

Witze

Der Sohn zur Mutter: „Ich habe keine Lust zur Schule." „Doch, du gehst zur Schule!" „Nein, ich hab keine Lust, keiner mag mich und überall gibt's Probleme." „Jetzt ist aber Schluss, du gehst, schließlich bist du der Direktor der Schule!"

„Ihr Sohn hat in der Schule bei der letzten Mathe-Arbeit abgeschrieben." „Woher wollen Sie das denn wissen?" „Er hat neben dem Klassenbesten gesessen. Und der hat bei der 4. Aufgabe in sein Heft geschrieben ‚Weiß ich leider nicht.' Und Ihr Sohn hat daraufhin in sein Heft geschrieben ‚Ich auch nicht.'"

Emil geht mit seiner Mutter in den Zoo. Vor dem Leopardenkäfig steht ein Schild mit der Aufschrift „Frisch gestrichen". „Schade", sagt Emil, „ich habe immer geglaubt, die Punkte wären echt."

Ein Kind steht am Straßenrand und weint. Kommt ein Passant: „Warum weinst du denn?" „Meine Mutti hat gesagt, ich soll erst alle Autos vorbeilassen, aber ich warte, und warte und es kommt keins!"

Die Omi zum Enkel: „Zum Geburtstag darfst du dir ein schönes Buch wünschen." „Dann wünsche ich mir dein Sparbuch!"

„Das freut mich aber", sagt die Mutter, „dass du dich mit dem Jungen von gegenüber wieder verträgst. Ich habe gerade vom Fenster aus gesehen, wie du ihm ein paar Bonbons gegeben hast." „Das waren keine Bonbons. Das waren seine Vorderzähne."

Ein älterer Herr steigt in den Bus und zeigt dem Fahrer eine Monatskarte. „Aber, aber", meint der Fahrer, „das ist doch eine Schülerkarte." Der Herr behält die Ruhe. „Da können Sie mal sehen – wie lange ich an der Haltestelle auf Ihren Bus gewartet habe."

„Peter, ich habe gehört, dass du ein Schwesterchen bekommen hast. Wie heißt es denn?" „Ach, das wissen wir noch nicht, sie spricht so undeutlich."

„Mutti, ich geh nie mehr zur Oma. Die hatte nix an." „Was nix an?" „Nee." „Warum das denn?" „Weiß auch nicht." „Wirklich nix an?" „Nein, kein Fernsehen, kein Radio, nix."

40. Spiel

Kerze auspusten

Anzahl der Spieler: ab 2
Alter: ab 6
Spieldauer: ca. 5–10 Minuten
Spielcharakter: spannend-kniffelig, kein Wettbewerb
Material: 10 Kerzen, Unterlage

Du stellst zehn Kerzen auf ein Tablett. In die Mitte der zehn Kerzen stellst du eine Kerze, die dicker, höher oder kleiner ist als die anderen. Aufgabe ist es, genau diese von einem bestimmten Abstand aus auszupusten. Je näher du die Kerzen zusammenstellst, desto schwieriger ist die Aufgabe. Je weiter die Kerzen auseinanderstehen, desto leichter (logisch, oder?). Du kannst es ja auch mal mit einem dicken Strohhalm versuchen, die Kerze auszupusten …

Kerzenwettfahrt

Anzahl der Spieler: ab 8
Alter: ab 6
Spieldauer: ca. 5–10 Minuten
Spielcharakter: spannend, etwas kniffelig, starker Wettbewerb
Material: 2 Kerzen, 2 Bierdeckel oder kleine Schachteln, 2 Seile

Eine Kerze (Teelicht) wird auf einer kleinen Schachtel oder einem Bierdeckel „festgewachst", damit sie nicht umfällt. An die Schachtel/Bierdeckel wird ein Bindfaden befestigt, und mit diesem Gefährt, das du hinter dir herziehst, musst du möglichst schnell eine vorher abgesteckte Strecke hinter dich bringen. Man kann das Ganze als Einzelrennen nach Zeit mit Stoppuhr durchführen – oder spannender jeweils zu zweit parallel – oder noch spannender auch als Stafette. Der Spieler, dem die Kerze ausgeht, muss zur Startlinie zurück. Dort steckt er die Kerze wieder an und läuft weiter.

42. Spiel

Schokolade erwürfeln

Anzahl der Spieler: ab 4
Alter: ab 6
Spieldauer: ca. 10–20 Minuten
Spielcharakter: spannend-witzig, interessant, etwas verrückt, starker Wettbewerb
Material: Messer, Gabel, Mütze, Schal, dicke Handschuhe, gut eingepackte Tafel Schokolade, Würfel

Dieses Spiel ist schon so alt, dass es für manche schon wieder ganz neu ist.

Die Spieler sitzen um einen Tisch. Die erste Person bekommt eine Mütze auf den Kopf, einen Schal um den Hals und dicke Handschuhe an. Mit Messer und Gabel muss diese Person versuchen eine Tafel Schokolade, die in mehreren Lagen Zeitungspapier eingepackt und mit Bindfaden fest verschnürt und verknotet ist, "freizuschaufeln" und dann zu essen. Natürlich muss sie vorher versuchen, das Seil zu entknoten oder durchzuschneiden, bevor sie an die Schokolade rankommt. Und das alles mit dicken Winterhandschuhen. Die Schokolade darf nicht mit den Fingern zum Mund geführt werden, nur mit der Gabel!

So weit, so gut. Aber jetzt kommt's: Während die 1. Person sich über die verpackte Schokolade hermacht, versucht die zweite Person mit einem Würfel eine „6" zu würfeln. Drei Versuche hat jeder. Wer keine „6" erwürfelt, gibt den Würfel an die nächste Person weiter, die wiederum dreimal würfeln muss usw. Würfelt jemand eine „6", bekommt diese Person sofort die Mütze auf, Schal um, Handschuhe an, Gabel und Messer in die Hand und die Tafel Schokolade vorgesetzt und macht da weiter, wo die erste Person aufgehört hat. Das Spiel geht so lange, bis die Schokolade weggeputzt ist.

43. Spiel

Geschenke-Parcour

Anzahl der Spieler: ab 2
Alter: ab 6
Spieldauer: ca. 5–30 Minuten
Spielcharakter: etwas verrückt, witzig, spannend, interessant, kein Wettbewerb
Material: diverse Vorbereitungen (siehe unten)

Wie wär's mal mit einer Geschenke-Rallye zum Geburtstag? Du suchst dir verschiedene Stellen im und außer Haus, bei denen du kleine Vor-Geschenke oder auch nur Zettel verstecken bzw. anbringen kannst. Das Geburtstagskind wird durch das Haus, den Garten und Keller und die Garage gejagt auf der Suche nach dem gewissen Etwas, und alle Familienmitglieder oder Geburtstagsgäste begleiten dich.

1. Zettel an der Kaffeemaschine: „Den nächsten Zettel findest du am Schlüsselbrett."
2. Schlüsselbrett: „Im Auto wartet eine kleine Überraschung für dich."
3. Am Lenkrad klebt eine kleine Süßigkeit und ein Zettel: „Im Innendeckel der Altpapiertonne solltest du mal nachschauen ..."
4. Altpapiertonne: „Such im Keller einen Luftballon und iss auf, was in ihm steckt."
5. Im Keller liegt ein aufgeblasener Luftballon, in ihm stecken ein paar Erdnüsse, am Luftballon klebt ein Zettel: „Im Eisfach des Kühlschranks wartet eine heiße Überraschung auf dich."

6. Kühlschrank: „Gutschein für eine heiße Tasse Kakao mit Sahne – weiter geht's am Briefkasten."
7. Briefkasten: „Geh zum Schlüsselfach, hol den Schlüssel und schließe auf."
8. Im Briefkasten liegt ein kleines verpacktes Geschenk und ein Zettel: „Unter dem Wohnzimmertisch geht's weiter."
9. Wohnzimmertisch: „Stell dich vor Mamis Bett, sing ein Lied und dann lüfte die Bettdecke."
10. Unter der Bettdecke – hier liegt das eigentliche Geschenk.

44. Spiel

Der tickt wohl nicht richtig?!

Anzahl der Spieler: ab 2
Alter: ab 5
Spieldauer: ca. 5 Minuten
Spielcharakter: spannend, kniffelig, interessant, ruhig, starker Wettbewerb
Material: ein alter tickender Wecker

Ihr sucht euch einen möglichst großen Raum aus, in dem einer aus eurer Familie einen großen „alten" Wecker versteckt (keine Digitaluhr). Es sollte ein Wecker sein, der nicht zu leise tickt. Das Licht wird gelöscht, und alle müssen total leise sein. Im Dunkeln versuchen jetzt alle den Wecker vom Ticken her zu orten und zu finden.

Hasenjagd

Anzahl der Spieler: ab 12
Alter: ab 7
Spieldauer: ab 5 Minuten
Spielcharakter: wild, hektisch, spannend, Wettbewerb
Material: diverse Bälle

Auf einem begrenzten Feld stehen sich zwei Jägergruppen gegenüber (Abstand ca. 8–10 m). Jeder der Jäger bekommt einen Ball. Mit diesem muss der Hase getroffen werden, der auf dem Spielfeld durch die Jägergruppen ans andere Spielfeldende läuft. Wer getroffen wird, scheidet aus. Jeder nicht Getroffene kann bis zu fünfmal laufen. Anschließend werden die Hasen zu Jägern. Welche Gruppe hat die wenigsten Treffer?
Wenn ihr viele Bälle habt, könnt ihr viele Mitspieler als Jäger bestimmen. Dann ist es allerdings wichtig, dass der Abstand zwischen den beiden Jäger-Gruppen größer wird, weil es sonst für den Hasen zu schwierig wird, nicht getroffen zu werden. Übrigens: Tennisbälle zum Werfen solltet ihr nicht nehmen, weil die zu hart sein können.

46. Spiel

Spinnennetz

Anzahl der Spieler: ab 2
Alter: ab 7
Spieldauer: ab 15 Minuten
Spielcharakter: interessant, Selbstläufer, etwas Fingerfertigkeit nötig, kein Wettbewerb
Material: genügend Wollreste

Ihr sammelt vorher genügend Wollreste (dicke und dünne) bei Mutter, Oma, Nachbarn usw. und sucht euch einen Raum, in dem ihr, ohne andere zu behindern und zu stören, ein Spinnennetz aus Wollresten erstellen könnt. Zuerst spannt ihr ein paar Wollfäden quer durch den Raum. Befestigt die Fäden aber nicht an Gegenständen, die runtergerissen werden können (Vasen). Am besten knotet ihr sie am Fenstergriff oder am Ventil des Heizkörpers fest. Hängt die Fäden auch nicht zu hoch, damit die jüngeren von euch nicht von der Leiter oder vom Stuhl fallen. Hängt sie aber auch nicht zu tief, damit ihr euch darin nicht ständig verfangt und es euch behindert oder belästigt.

Dann reißt ihr euch unterschiedliche Farb- und Wollstärken-Stückchen von 40 cm bis 1 Meter und knotet sie „wild" und quer in das Deckennetz. Die meisten Wollreste kann man mit der Hand einfach reißen, man braucht nicht unbedingt eine Schere dazu.

Für größere Spielaktionen mit mehr Kindern könnt ihr auch ein Riesennetz im Freien spannen und knoten. Von Baum zu Baum,

20–30 Meter lang. Da braucht ihr halt mehr Wolle, aber meine Erfahrungen zeigen, dass man eher zu viel Wolle „zugesteckt" bekommt als zu wenig.
Wichtig bei dem Spinnennetz im Freien ist allerdings, dass ihr das Netz nicht über Nacht hängen lasst, da sich Tiere (z. B. Vögel) darin verfangen können.

47. Spiel

Werbespots

Anzahl der Spieler: ab 2
Alter: ab 7
Spieldauer: ab 5 Minuten
Spielcharakter: spannend, kaum Wettbewerb
Material: Fernseher

Du setzt dich mit deinen Freunden oder deiner Familie vor den Fernseher und schaust die Werbesendungen. Einer von euch könnte auch verschiedene Werbesendungen vorher aufnehmen. Den Ton stellt ihr aus, sodass man nur das Bild sehen kann.
Der Erste, der die richtige Firma nennt, für die Werbung gemacht wird, bekommt einen Punkt. Also nicht „Hamburger" schreien, sondern „McDonalds" oder „Burger King", nicht „Auto", sondern „Citroen" oder „VW" oder so.

Staffelball

Anzahl der Spieler: ab 8
Alter: ab 7
Spieldauer: ab 5 Minuten
Spielcharakter: lustig-hektisch, spannend, starker Wettbewerb
Material: Ball

Zwei Mannschaften stehen jeweils hintereinander und müssen jeweils einen Ball abwechselnd einmal über den Kopf und durch die Beine weiter nach hinten geben. Wenn der Ball bei der letzten Person angekommen ist, nimmt diese den Ball, rast nach vorne und reicht dem Hintermann den Ball über den Kopf weiter. Dieser gibt den Ball durch die Beine weiter usw. Welche von beiden Gruppen hat den Ball am schnellsten weitergegeben?

Arche Noah

Anzahl der Spieler: ab 8
Alter: ab 6
Spieldauer: ab 5 Minuten
Spielcharakter: lustig-verrückt, spannend-witzig, kein Wettbewerb
Material: vorbereitete Zettel für jeden

Jeder bekommt einen Zettel, auf dem ein Tier steht oder abgebildet ist. Keiner darf wissen, welche Tiere die anderen gezogen haben. Jedes Tier muss mindestens 2x oder 4x vorkommen (je nach Anzahl der Kinder). Auf Kommando soll nun jedes Kind das Tier, das es gezogen hat, mit Lauten oder Gestik nachmachen und so sein Gegenüber finden. Die richtigen Pärchen setzen sich hin. Je mehr Mitspieler bei diesem Spiel mitmachen, umso lustiger.
Hier ein paar Tierbeispiele: Hund, Affe, Krokodil, Storch, Huhn, Pferd, Kuh, Katze, Elefant, Papagei, Giraffe, Känguru, Rabe, Specht usw.
Bei älteren Kindern könnt ihr natürlich auch etwas „schwierigere" Tiere aussuchen (Spinne, Schlange, Floh).

50. Spiel

Mit Würfeln ein Haus bauen

Anzahl der Spieler: ab 3
Alter: ab 6
Spieldauer: ab 10 Minuten
Spielcharakter: spannend, interessant, etwas Wettbewerb
Material: genügend Legosteine, Würfel

Ihr sitzt um einen Tisch herum. In der Mitte liegt ein großer Haufen unterschiedlicher Legobausteine. Der Erste würfelt. Er darf sich so viele Legosteine aus der Mitte herausnehmen, wie der Würfel Augen hat. Dann kommt der Nächste dran usw. Derjenige, der eine „6" würfelt, muss demjenigen einen Stein von seinen sechsen abgeben, der bis dahin die wenigsten Steine hat. Ziel ist es, ein Haus zu bauen. Ihr könnt euch einen Wecker stellen, auf ca. 20 oder 30 Minuten. Wenn der rappelt, ist das Spiel zu Ende. Wer hat bis dahin das interessanteste oder beste Bauwerk?

Witze

Es hat Zeugnisse gegeben. Uta erzählt ihren Eltern fröhlich: „Ihr habt Glück. Für mich braucht ihr nämlich keine neuen Bücher zu kaufen!"

Lehrer zu einem Elternpaar, dessen Kind gerade sitzen geblieben ist: „Also wissen Sie, mit d e n Noten, die Ihr Kind hat, könnten drei Kinder sitzen bleiben."

„Ich hoffe, dass ich dich in Zukunft nicht mehr beim Abschreiben erwische", sagt der Lehrer zum Schüler. „Das hoffe ich auch", antwortet der Schüler.

Tom hat seinen 1. Schultag hinter sich. Fragt die Mutter: „Was habt ihr denn heute gelernt?" „Nicht genug. Wir müssen morgen wieder hin."

Wie war der erste Tag in der Schule? Alles Nepp!! Draußen stand dran alles 1. Klasse, und innen waren nur harte Holzbänke!

Abends beim Beten: „Danke, Heiland, dass Mama immer gut kochen tut, danke, Heiland, dass meine Mama immer gut Zimmer aufräumt, danke, dass mein Papa äh, dass mein Papa äh, dass mein Papa immer gut Chips isst."

Tobias sitzt neben mir im Auto und bohrt andächtig in der Nase. Ich sage zu ihm: „Wenn du oben bist, schick mir bitte eine Ansichtskarte." Er reagiert nicht. Ich erkläre ihm, dass meine Worte eine Aufforderung sind, den Finger aus der Nase zu nehmen. Darauf er: „Ich kann nicht, ich schreibe gerade."

Kleiner Junge beklagt sich bei seinem Freund: „Ich wünsch mir so sehr einen Hund, aber meine Eltern wollen mir keinen schenken." Freund: „Du bist ja doof. Du musst dir ein Brüderchen wünschen – dann bekommst du einen Hund."

„Ich glaube, Sven misstraut uns." „Wie kommst du denn darauf?" „Er hat für seine fünf Euro Taschengeld ein Nummernkonto in der Schweiz angelegt!"

„Man darf Tiere niemals küssen", sagt warnend der Lehrer, „weil das sehr gefährlich ist wegen der vielen Krankheiten, die dabei übertragen werden können. Kann mir jemand ein Beispiel nennen?" „Ja, Herr Lehrer, ich. Meine Tante hat immer den Papagei geküsst." „Und?" „Das Tier ist eingegangen."

51. Spiel

Riesenposter

Anzahl der Spieler: ab 1
Alter: ab 7
Spieldauer: ab 30 Minuten
Spielcharakter: interessant, ruhig, ernst-witzig, kein Wettbewerb
Material: Schere, Kleber, Illustrierte, große Pappe oder großes unbeschriftetes Papier

Ziel ist es, ein Riesenposter herzustellen mit Gesichtern von Menschen, die ihren Gesichtsausdruck „wechseln": auf der linken Seite des Posters sind die traurigen Gesichter, in der Mitte die neutralen und rechts die fröhlichen Gesichter zu sehen.
Ihr besorgt euch in einer Druckerei Makulaturpapier auf Rollen, schneidet 3 Meter ab und legt dies auf die Erde. Anschließend schneidet ihr aus Illustrierten, alten Fernsehzeitschriften und Zeitungen Bilder von Gesichtern aus.

- Auf den linken Teil der Papierbahn legt ihr (noch nicht kleben) die Gesichter, die verzweifelt aussehen, unglücklich, unfreundlich, aggressiv, Gesichter, die schreien, Menschen, die weinen, die traurig sind.
- In die Mitte der Bahn legt ihr die Gesichter mit einem neutralen Gesichtsausdruck.
- Und auf die rechte Seite der Papierbahn legt ihr die glücklichen, freundlichen, ausgelassenen, fröhlichen, lachenden Gesichter.

Jetzt versucht ihr auf der rechten und linken Bahn noch mal eine Aufteilung. Je glücklicher und fröhlicher jemand aussieht, desto mehr legt ihr das Bild an den rechten Rand der rechten Bahn. Je verzweifelter jemand aussieht, desto mehr kommt das Bild auf die linke Seite der linken Bahn. Anschließend werden alle Bilder aufgeklebt. Wenn alles fertig ist, sucht ihr euch eine passende Unter- oder Überschrift zu dem Poster.

52. Spiel

Tischtennisball weit pusten

Anzahl der Spieler: ab 3
Alter: ab 7
Spieldauer: ab 5 Minuten
Spielcharakter: spannend, Wettbewerb
Material: so viele Luftballons und Tischtennisbälle wie Mitspieler

Eine längere Rennstrecke wird markiert (5–20 Meter). Jeder Mitspieler bekommt einen Luftballon und einen Tischtennisball. Alle stellen sich nebeneinander an die Startlinie. Der Erste pustet seinen Luftballon auf und bewegt mit der herausgelassenen Luft den Tischtennisball vorwärts. Wo der Ball stehen bleibt, wird ein kleiner Markierungspunkt gesetzt (Spielfigur, roter Klebepunkt etc.). Jetzt ist der Nächste dran usw. Wer kommt am weitesten?

Spielvariante:
Man kann auch eine weite Strecke abmessen (50–100 Meter). Hier kommt dann jeder öfter dran (nach der Reihe). Wer ist als Erster am Ziel?

Atomspiel

Anzahl der Spieler: ab 15
Alter: ab 7
Spieldauer: ab 5 Minuten
Spielcharakter: hektisch, spannend, starker Wettbewerb
Material: –

Je mehr Mitspieler, desto besser. Jedes Atom schwirrt durch die Atmosphäre, d.h. jeder Mitspieler schwirrt durch den Raum, nicht zu schnell und nicht zu hektisch. Irgendwann ruft der Spielleiter z. B. „7". Jetzt müssen sich sofort sieben Mitspieler zusammenstellen, schnell einen Kreis bilden und sich umarmen. Alle, die übrig sind und keine sieben Personen zusammenbekommen haben, scheiden aus. Natürlich auch der Kreis, der sich aus mehr als sieben Personen zusammensetzt. Alle restlichen Spieler schwirren wieder los und quirlen durch den Raum. Der Spielleiter ruft eine nächste Zahl auf ... (zwischendurch auch immer mal die „1" aufrufen, das verwirrt etwas, jeder stellt sich da natürlich allein hin).

54. Spiel

Luftballonwand

Anzahl der Spieler: ab 1 Kind + 1 Erwachsener
Alter: ab 5
Spieldauer: ab 5 Minuten
Spielcharakter: spannend, interessant; kein bis starker Wettbewerb
Material: diverse Luftballons, Reißzwecken und Wurfpfeile

Dieses Spiel ist nur im Freien möglich und nur unter Aufsicht von verantwortlichen Erwachsenen. Ihr sucht euch eine (alte) Holzwand, Bretterzaun usw. und befestigt daran mit Reißzwecken vorher aufgeblasene unterschiedlich farbige Luftballons. Nun bekommt jeder einen Wurfpfeil, stellt sich dem Alter nach nebeneinander auf und wirft. Der Jüngste beginnt. Wer einen Ballon trifft, bekommt einen Punkt. Wer eine bestimmte Farbe voraussagt und diese trifft, bekommt zwei Punkte. Wenn er eine falsche Farbe trifft, bekommt er keinen Punkt. Achtung: Alle bleiben auf ihrem Wurfplatz stehen, bis alle geworfen haben! Darauf achten, dass sich niemand hinter dem Zaun, Holzbude usw. befindet (auch keine Hühner, Hund, Auto oder andere Dinge, die nicht durch tiefe Wurfpfeil-Löcher „gestört" werden wollen) .

Eier kullern

Anzahl der Spieler: 2
Alter: ab 6
Spieldauer: ab 10 Minuten
Spielcharakter: spannend, interessant, starker Wettbewerb
Material: für jeden Mitspieler eine Bocciakugel

In manchen Gegenden war und ist es Brauch, zu Ostern Eier einen Berg runterzukullern. Weil Eier zu den Lebensmitteln gehören und wir uns weitestgehend abgewöhnen sollten, mit Lebensmitteln zu spielen (mit ein paar wenigen Ausnahmen), tauschen wir die Eier einfach gegen Bocciakugeln. Ihr sucht euch einen (geteerten) Feldweg oder eine Straße, die nur für landwirtschaftliche Zwecke freigegeben ist, und möglichst eine Straße, die ein paar hundert Meter geradeaus führt. Jeder nimmt seine Bocciakugel und versucht, diese Kugel vom Startpunkt aus so weit wie möglich geradeaus zu rollen. Da, wo die Kugel die Straße verlässt, stellt sich die Person hin. Wer schafft es am weitesten? Achtet auch darauf, dass euch keine landwirtschaftlichen Fahrzeuge in die Quere kommen und sie euch behindern oder ihr sie behindert und belästigt.

Hier noch ein anderes Eierspiel:
Ihr sucht euch eine Stelle mit viel Sand, markiert dort einen Kreis, stellt euch etwa 15–20 Meter davon entfernt auf und versucht, das Ei in den Kreis zu werfen.

BONUS-SCHERZ-FRAGEN

1. Womit fängt der Tag an und hört die Nacht auf? („T", „t")
2. Welcher Ring ist nicht rund? (Hering)
3. Ein Auto fährt eine Rechtskurve. Welches Rad wird am wenigsten belastet? (Das Reserverad)
4. Ein Ei kocht 5 Minuten, wie lange kochen 4 Eier? (auch 5 Min.)
5. Was ist schwerer? 1 Zentner Kartoffeln oder 1 Zentner Federn? (beide gleich)
6. Ein Mann hat 6 Töchter und jede Tochter hat einen Bruder. Wie viele Kinder hat der Mann? (7)
7. Was für Haare hat ein fünfjähriger, einäugiger und lahmer Dackel? (Hundehaare)
8. Was kann man nicht mit Worten ausdrücken? (Einen Schwamm)
9. Wie kann ein Mann, der 3 Kühe hat, eine Kuh schlachten und trotzdem noch 3 Kühe haben? (Er schlachtet die Kuh eines anderen.)
10. Welche Zähne bekommt man zuletzt? (Die falschen)
11. Warum hat der Fisch keine Haare? (Weil er nichts gegen seine Schuppen tut.)

12. 2 Architekten wollen ein Haus bauen. Womit beginnt jeder? (Mit „j")
13. Welche Krankheit hat noch auf keinem Land geherrscht? (Seekrankheit)
14. Eine Geflügelfarm hat 18 Hähne. Alle außer 7 sterben, wie viele Hähne bleiben übrig? (7)
15. In welche Gläser kann man nichts füllen? (in die vollen)
16. Welcher Kopf hat keine Ohren? (Kohlkopf)
17. Welcher Vogel legt keine Eier? (Pechvogel)
18. Wie schreibt man Wasser mir drei Buchstaben? (Eis)
19. Wozu raucht ein Mensch den Tabak? (zu Asche)
20. Was ist bei Franzosen groß und bei Elefanten klein? („f")
21. Ein „Pensch" ist die Mitte vom? (Lampenschirm)
22. Was ist das kürzeste deutsche Fragewort? („he?")
23. Eine E-Lok fährt von Norden nach Süden, vom Westen kommt der Wind, wohin geht der Rauch? (E-Lok hat keinen Rauch)
24. Heißt es: „Lass mir arbeiten" oder „lass mich arbeiten"? (Lass andere arbeiten!)

Bonus-Spiel: Umfrage

Ihr kopiert diese Seite so oft, dass jeder Spieler einen Fragebogen hat. Jeder bekommt dieses Blatt und einen Stift. Dann laufen alle los und versuchen auf der Geburtstagsparty eine Person zu finden, die die jeweilige Frage mit „ja" beantworten kann und lassen die Person unterschreiben. Schummeln ist verboten!! Wer hat als Erster alle Unterschriften gesammelt?

Hast du Schuhgröße 25?

Warst du schon mal in Italien?

Hast du das meiste Geld bei dir?

Ekelst du dich vor Spinnen?

Hast du im Zeugnis bei Mathe eine 1?

Weißt du, in welchem Ort Jesus geboren wurde?

Hast oder hattest du Klavierunterricht?

Besitzt du kein Handy?

Hast du als Nächster Geburtstag?

Kannst du Zahnärzte nicht ausstehen?

Hast du ein Haustier?

Warst du noch nie auf einer Achterbahn?

Isst du gerne Gummibärchen?

Hast du schon mal ein Preisausschreiben gewonnen?

Hast du mehr als 3 Geschwister?

Kannst du ein Gedicht aufsagen?

ABC

Spiele (alphabetisch geordnet):

Spiele ...

... bei denen es besonders auf schmecken, riechen, fühlen usw. ankommt (Wahrnehmungsspiele):
Nr. 3, 31, 33

... bei denen es richtig Spaß macht, wenn viele mitmachen:
Nr. 13, 14, 15, 17, 32, 45

... die auch für jüngere Kinder (5 Jahre oder jünger) geeignet sind:
Nr. 1, 2, 6, 8, 9, 10, 12, 14, 30, 34, 37, 54, 55

... rund um den Ball:
Nr. 17, 21, 45, 48

... für draußen:
Nr. 13, 14, 17, 21, 26, 28, 37, 45, 54, 55

... rund um den Luftballon:
Nr. 5, 9, 13, 54, 55

... bei denen man rätselt (Quiz & Rätsel):
Nr. 2, 3, 10, 20, 23, 27, 31, 33, 35, 36, 38, 39, 44

Arno Backhaus kann man übrigens auch einladen, allein oder mit seiner Frau Hanna:

- zu einem Vortrag über AD(H)S
- zu einem Vortrag über Humor für Frühstückstreffen für Männer oder/und Frauen
- zu einem Konzert „Lieder, Texte & Persönliches – zum Überleben und Totlachen"
- zu einer „Kinder-Überraschung" mit Spiel, Spaß & Gags (mit oder ohne Erwachsene)
- zu einem Seminar „Kommunikation & missionarischer Lebensstil"
- zu einer „Laugh-Parade" mit viel Klamauk, Gags, Witzen, Songs und Volkstanz

Hier können Sie die unterschiedlichen Programme für Jung und Alt unverbindlich anfordern:

Hanna & Arno Backhaus
Hauptstraße13 · 34379 Calden (bei Kassel)
Tel.: 05677-1343 · bauchladen@arno-backhaus.de
homepage: www.arno-backhaus.de
web-shop: www.arnobackhaus.de